Ce Carnet
Appartient À :

. . . .